Impressum
Verlag: BABADADA GmbH, Nedderfeld 112 , 22529 Hamburg
Geschäftsführer / Verlagsleitung: Harald Hof
Druck: Books on Demand GmbH, In de Tarpen 42, 22848 Norderstedt

Imprint
Publisher: BABADADA GmbH, Nedderfeld 112 , 22529 Hamburg, Germany
Managing Director / Publishing direction: Harald Hof
Print: Books on Demand GmbH, In de Tarpen 42, 22848 Norderstedt, Germany

skola
школа

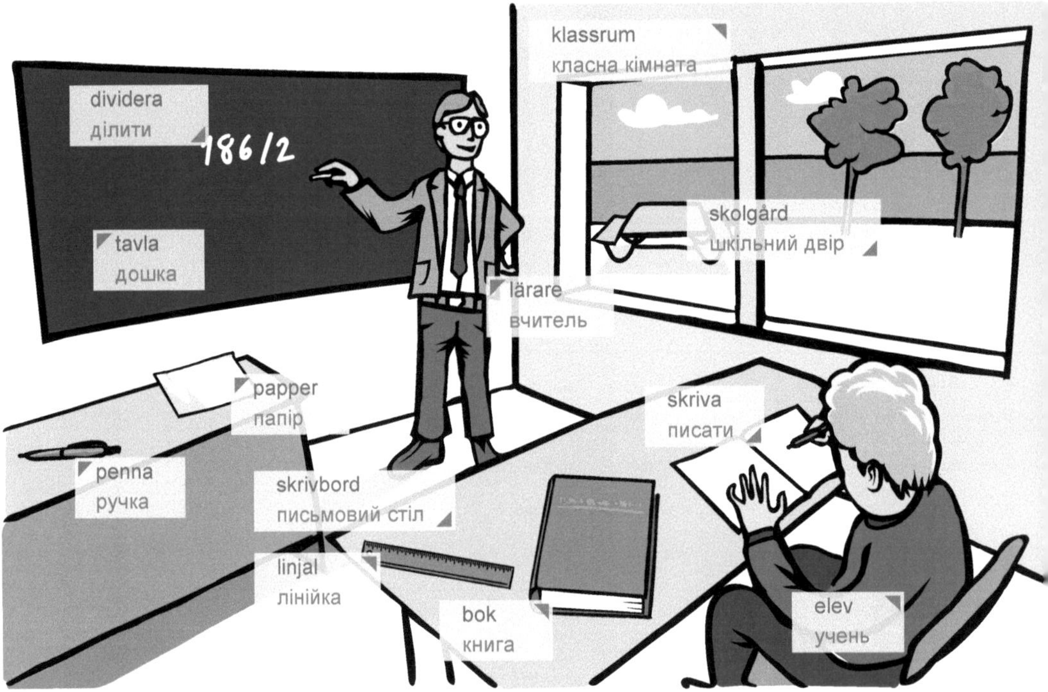
klassrum
класна кімната
dividera
ділити
186/2
tavla
дошка
skolgård
шкільний двір
lärare
вчитель
papper
папір
skriva
писати
penna
ручка
skrivbord
письмовий стіл
linjal
лінійка
bok
книга
elev
учень

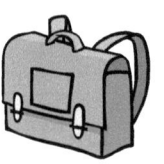

skolväska
ранець

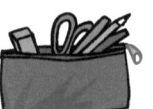

pennfodral
пенал

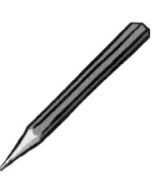

blyertspenna
олівець

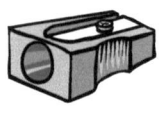

pennvässare
точило

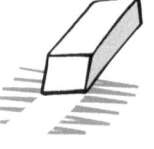

suddgummi
гумка

ritblock
альбом для малювання

teckning

малюнок

pensel

пензель

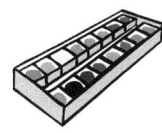

målarlåda

коробка фарб

sax

ножиці

lim

клей

övningsbok

зошит

hemläxa

домашнє завдання

tal

число

addera

додавати

subtrahera

віднімати

multiplicera

множити

räkna

рахувати

bokstav

літера

alfabet

абетка

ord

слово

text

текст

läsa

читати

krita

крейда

lektion

година

register

класний журнал

prov

екзамен

intyg

диплом

skoluniform

шкільна форма

utbildning

освіта

uppslagsverk

лексикон

universitet

університет

mikroskop

мікроскоп

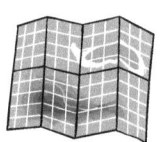

karta

карта

papperskorg

кошик для паперу

resa

подорож

hotell
готель
Grand
vandrarhem
турбаза
ROOMS
EXCHANGE
växelkontor
обмінний пункт
resväska
валіза
bil
автомобіль

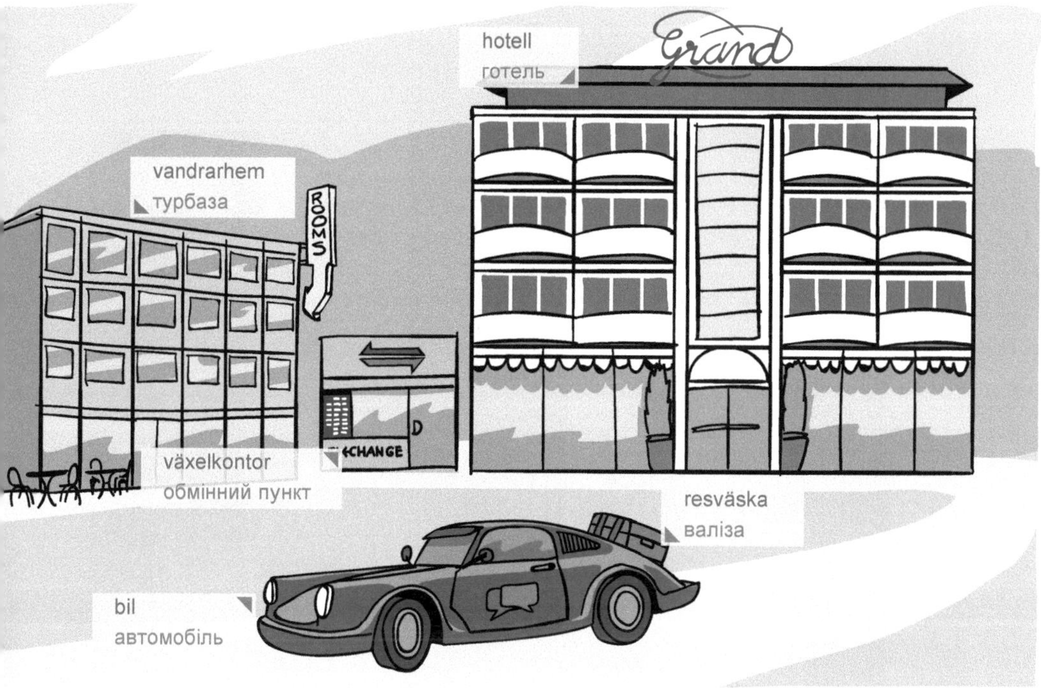

språk

мова

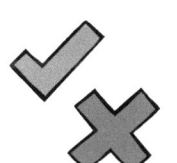

ja / nej

так / ні

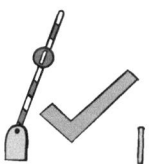

Okay

добре

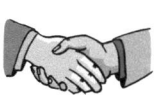

hej

привіт

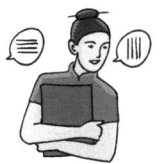

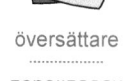

översättare

перекладач

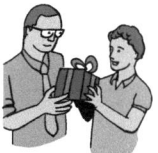

Tack

дякую

hur mycket kostar…?

Скільки коштує …?

jag förstår inte

Я не розумію

problem

проблема

God kväll!

Добрий вечір!

God morgon!

Доброго ранку!

God natt!

На добраніч!

hejdå

До побачення

riktning

напрямок

bagage

багаж

väska

сумка

ryggsäck

рюкзак

gäst

гість

rum

кімната

sovsäck

спальний мішок

tält

намет

turistinformation

туристична інформація

strand

пляж

kreditkort

кредитна картка

frukost

сніданок

lunch

обід

middag

вечеря

biljett

квиток

hiss

ліфт

frimärke

поштова марка

gräns

межа

tull

митниця

ambassad

посольство

visum

віза

pass

паспорт

transport
транспорт

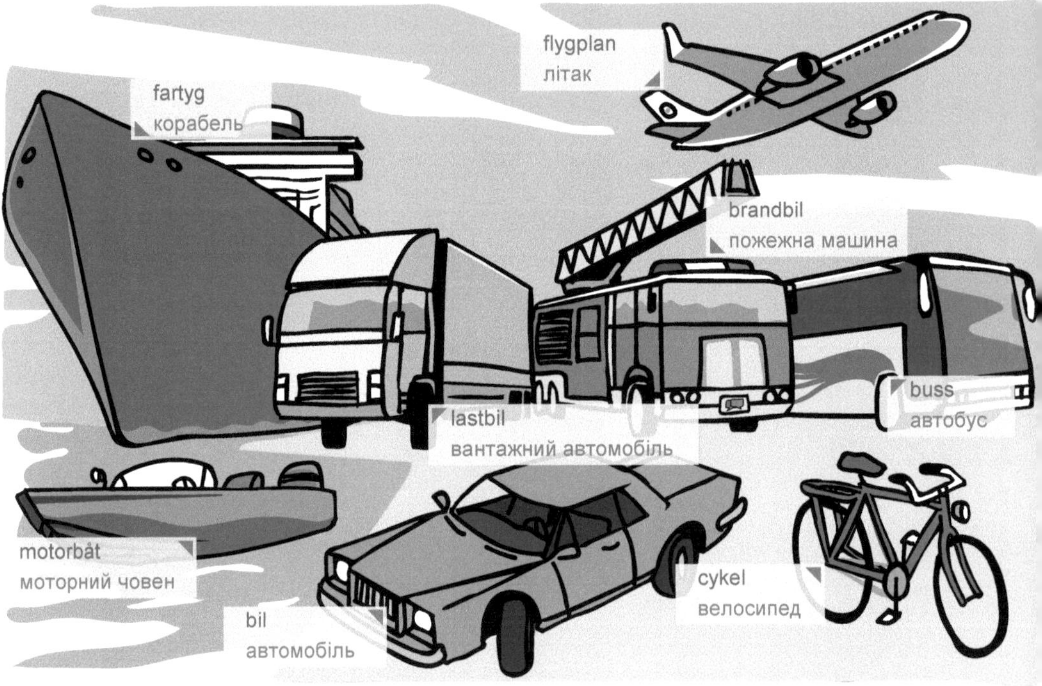
flygplan
літак
fartyg
корабель
brandbil
пожежна машина
buss
автобус
lastbil
вантажний автомобіль
motorbåt
моторний човен
cykel
велосипед
bil
автомобіль

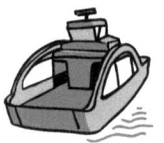

färja

порoм

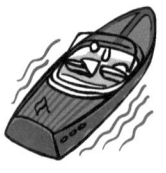

båt

човен

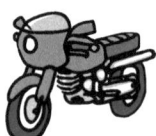

motorcykel

мотоцикл

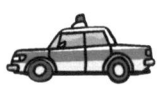

polisbil

поліцейська машина

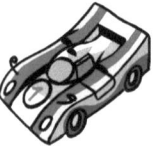

racerbil

гоночний автомобіль

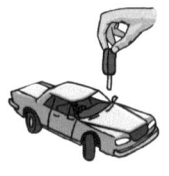

hyrbil

автомобіль на прокат

bilpool

спільне користування авто

bärgningsbil

евакуатор

sopbil

сміттєвоз

motor

двигун

bränsle

паливо

bensinstation

автозаправна станція

vägmärke

дорожній знак

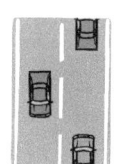

trafik

рух

bilkö

затор

parkeringsplats

стоянка

tågstation

вокзал

räls

рейки

tåg

потяг

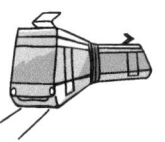

spårvagn

трамвай

vagn

вагон

helikopter

гелікоптер

flygplats

аеропорт

torn

вежа

passagerare

пасажир

container

контейнер

kartong

коробка

vagn

візок

korg

кошик

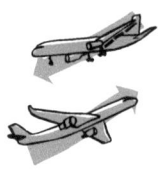

starta / landa

стартувати / приземлятися

stad

місто

by

село

centrum

центр міста

hus

дім

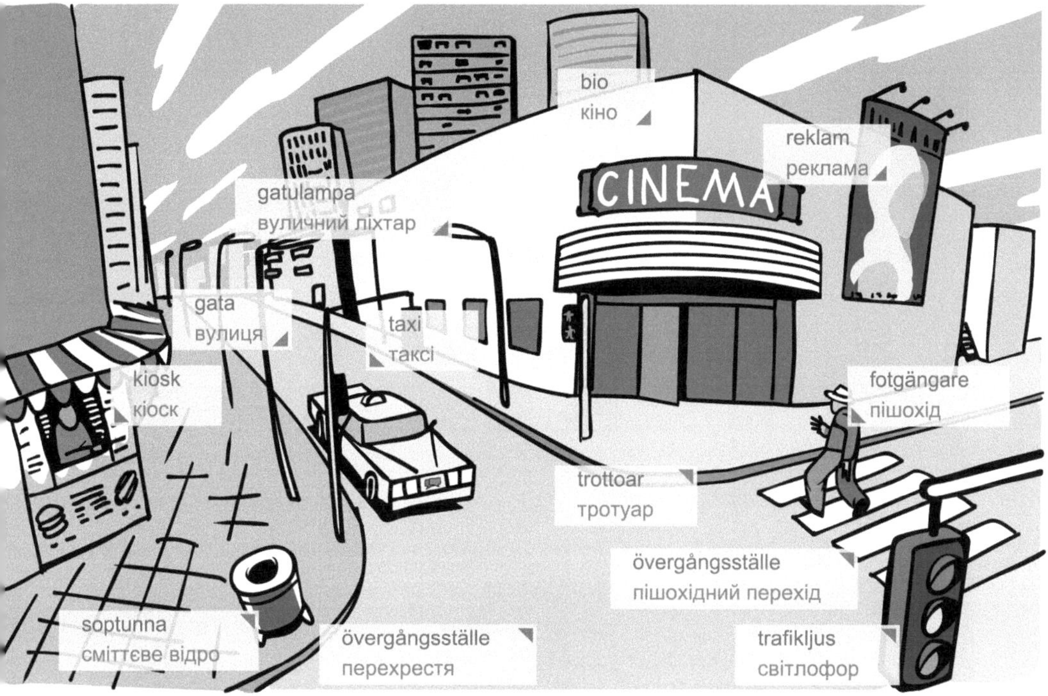

bio
кіно

reklam
реклама

CINEMA

gatulampa
вуличний ліхтар

gata
вулиця

taxi
таксі

kiosk
кіоск

fotgängare
пішохід

trottoar
тротуар

övergångsställe
пішохідний перехід

soptunna
сміттєве відро

övergångsställe
перехрестя

trafikljus
світлофор

stuga

хатина

lägenhet

квартира

tågstation

вокзал

stadshus

ратуша

museum

музей

skola

школа

universitet

університет

bank

банк

sjukhus

лікарня

hotell

готель

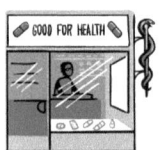

apotek

аптека

kontor

офіс

bokhandel

книжковий магазин

affär

магазин

blomsterbutik

квітковий магазин

stormarknad

супермаркет

marknad

ринок

varuhus

універмаг

fiskhandlare

торговець рибою

köpcentrum

торговельний центр

hamn

гавань

park

парк

bänk

лава

brygga

міст

trappa

сходи

tunnelbana

метро

tunnel

тунель

busshållplats

автобусна зупинка

bar

бар

restaurang

ресторан

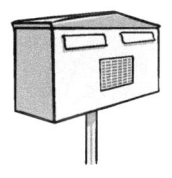

brevlåda

поштова скринька

gatuskylt

вулична табличка

parkeringsautomat

лічильник паркування

zoo

зоопарк

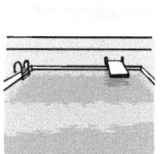

simbassäng

басейн

moské

мечеть

bondgård

ферма

förorening

забруднення
навколишнього
середовища

kyrkogård

кладовище

kyrka

церква

lekplats

дитячий майданчик

tempel

храм

landskap
ландшафт

löv
листок

vägskylt
вказівний стовп

väg
шлях

äng
луг

sten
камінь

träd
дерево

liftare
мандрівник

flod
річка

gräs
трава

blomma
квітка

dal

долина

kulle

гора

sjö

озеро

skog

ліс

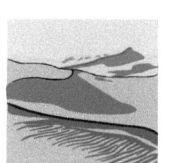

öken

пустеля

vulkan

вулкан

slott

замок

regnbàge

веселка

svamp

гриб

palm

пальма

mygga

комар

fluga

муха

myra

мурашка

bi

бджола

spindel

павук

skalbagge

жук

groda

жаба

ekorre

вивірка

igelkott

їжак

hare

заєць

uggla

сова

fågel

птах

svan

лебідь

vildsvin

кабан

rådjur

олень

älg

лось

damm

гребля

vindkraftverk

вітряк

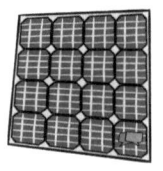

solcellspanel

сонячний модуль

klimat

клімат

restaurang
ресторан

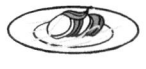

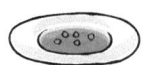

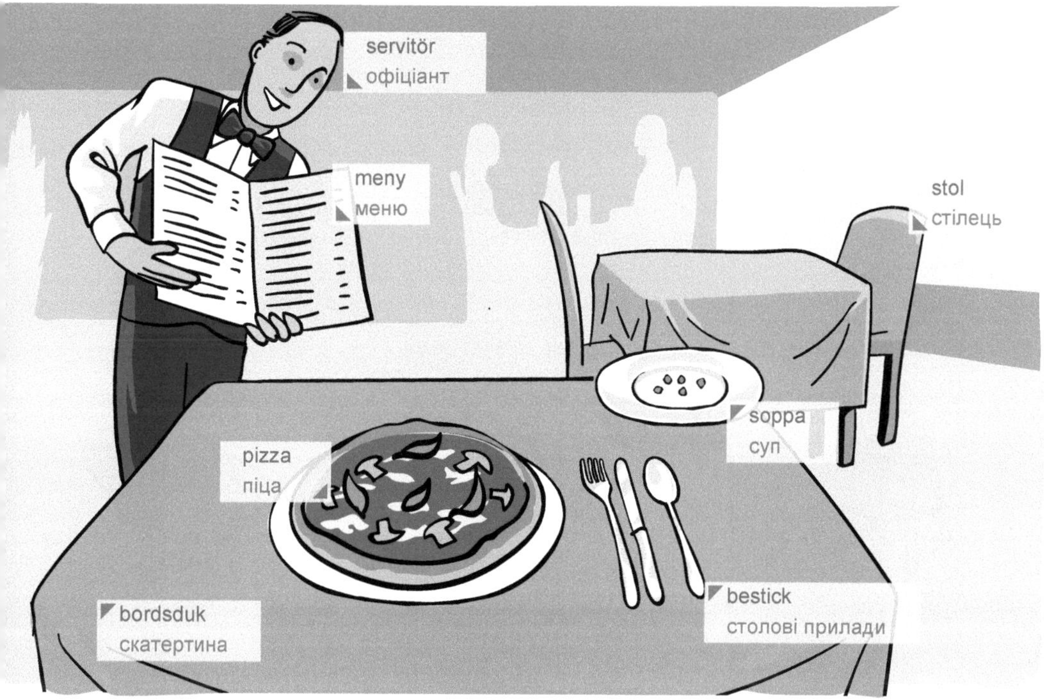

servitör
офіціант
meny
меню
stol
стілець
sоppa
суп
pizza
піца
bordsduk
скатертина
bestick
столові прилади

förrätt

закуска

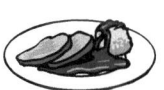

huvudrätt

друга страва

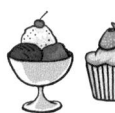

dessert

десерт

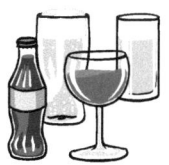

drycker

напої

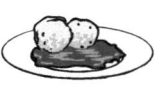

mat

їжа

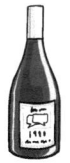

flaska

пляшка

snabbmat

фаст-фуд

street food

вулична їжа

tekanna

чайник

sockerskål

цукорниця

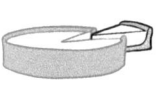

portion

порція

espressomaskin

еспресо-машина

barnstol

високий стільчик

räkning

рахунок

bricka

піднос

kniv

ніж

gaffel

вилка

sked

ложка

tesked

чайна ложка

servett

серветка

glas

склянка

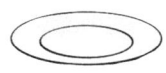

tallrik

тарілка

sopptallrik

тарілка для супу

tefat

блюдце

sås

соус

saltkar

солонка

pepparkvarn

млин для перцю

vinäger

оцет

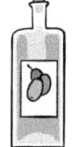

olja

масло

kryddor

спеції

ketchup

кетчуп

senap

гірчиця

majonnäs

майонез

stormarknad

супермаркет

specialerbjudande
пропозиція
FOR
kund
клієнт
mejeriprodukter
молочні продукти
frukt
фрукти
varukorg
візок для покупок

BUTCHERS

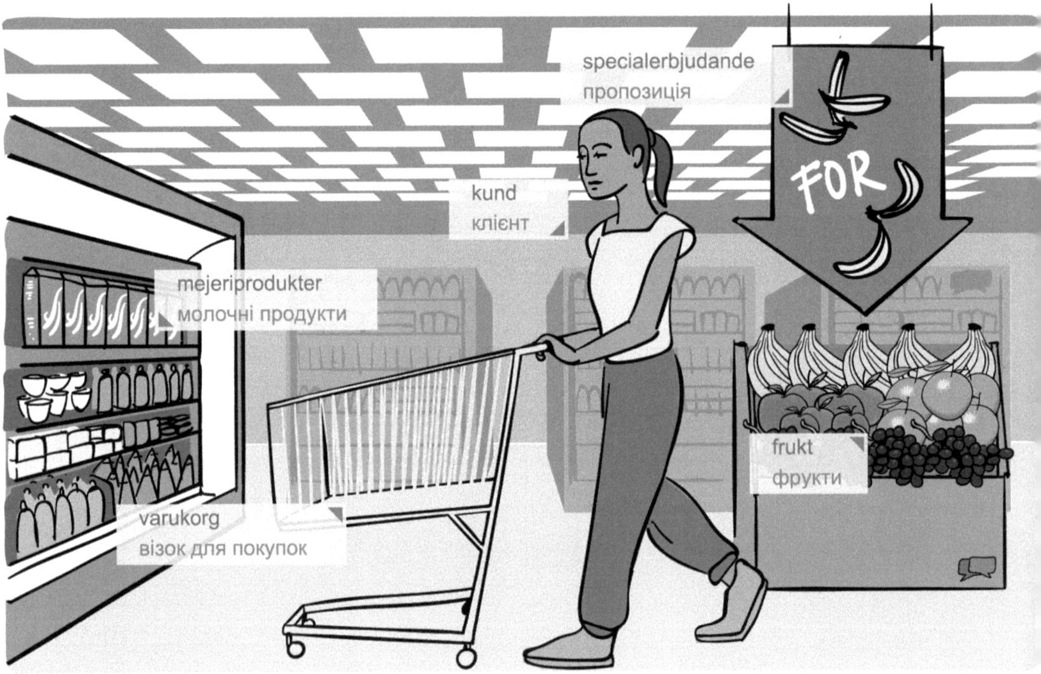

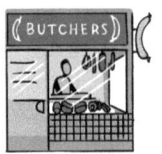

charkuteri

м'ясний магазин

BAKERY

bageri

пекарня

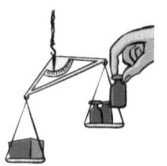

väga

зважувати

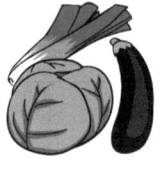

grönsaker

овочі

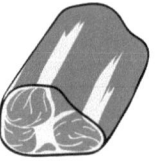

kött

м'ясо

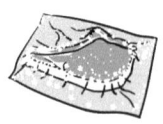

frysta livsmedel

заморожені продукти

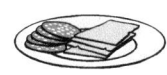

pålägg
ковбасна нарізка

konserver
консерви

tvättmedel
пральний порошок

godis
солодощі

hushållsprodukter
предмети домашнього побуту

rengöringsmedel
мийний засіб

försäljare
продавщиця

kassa
каса

kassör
касир

inköpslista
список покупок

öppettider
часи роботи

plånbok
гаманець

kreditkort
кредитна картка

väska
сумка

plastpåse
поліетиленовий пакет

vatten

вода

juice

сік

mjölk

молоко

cola

кола

vin

вино

öl

пиво

alkohol

алкоголь

kakao

какао

te

чай

kaffe

кава

espresso

еспресо

cappuccino

капучіно

banan

банан

äpple

яблуко

apelsin

апельсин

melon

кавун

citron

лимон

morot

морква

vitlök

часник

bambu

бамбук

lök

цибуля

svamp

гриб

nötter

горішки

nudlar

локшина

spaghetti

спагеті

ris

рис

sallad

салат

pommes frites

картопля фрі

stekt potatis

смажена картопля

pizza

піца

hamburgare

гамбургер

smörgås

бутерброд

schnitzel

шніцель

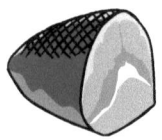

skinka

шинка

salami

салямі

korv

ковбаса

kyckling

курка

stek

печеня

fisk

риба

havregryn

вівсяні пластівці

müsli

мюслі

cornflakes

кукурудзяні пластівці

mjöl

борошно

croissant

круасан

fralla

булочка

bröd

хліб

rostat bröd

тостовий хліб

kex

печиво

smör

масло

kvarg

сир

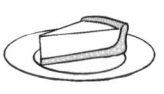

kaka

пиріг

ägg

яйце

stekt ägg

яєчня

ost

сир

glass

морозиво

socker

цукор

honung

мед

sylt

мармелад

nougatkräm

нуга-крем

curry

карі

bondgård
ферма

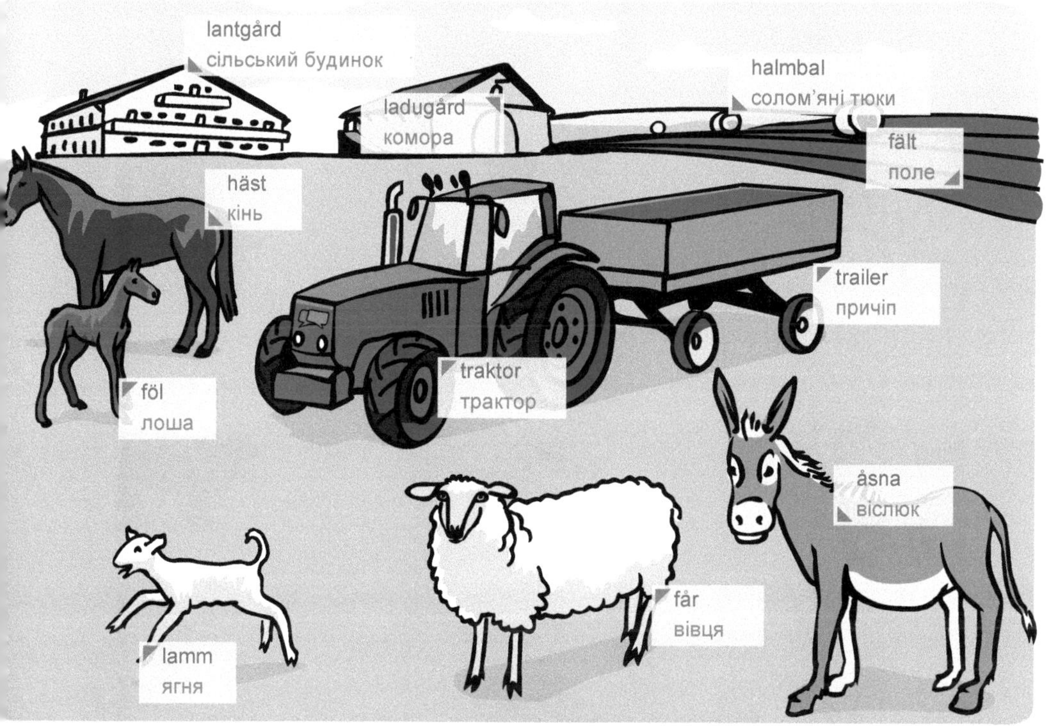

lantgård
сільський будинок
ladugård
комора
halmbal
солом'яні тюки
fält
поле
häst
кінь
trailer
причіп
traktor
трактор
föl
лоша
åsna
віслюк
får
вівця
lamm
ягня

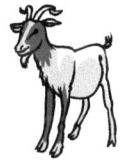

get
коза

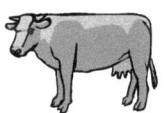

ko
корова

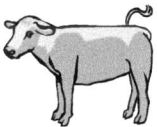

kalv
теля

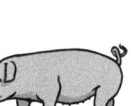

gris
свиня

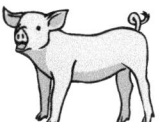

griskulting
порося

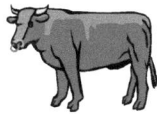

tjur
бик

gås

гусак

anka

качка

kyckling

курча

höna

курка

tupp

півень

råtta

щур

katt

кіт

mus

миша

oxe

віл

hund

собака

hundkoja

собача будка

trädgårdsslang

садовий шланг

vattenkanna

лійка

lie

коса

plog

плуг

skära

серп

hacka

мотика

högaffel

вила

yxa

сокира

skottkärra

тачка

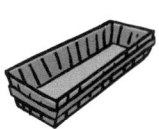

tråg

корито

mjölkflaska

бідон молока

säck

мішок

staket

паркан

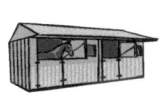

stall

хлів

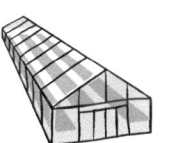

växthus

теплиця

jord

ґрунт

säd

насіння

gödsel

добриво

skördetröska

комбайн

skörda

пожинати

skörd

урожай

jams

корінь ямсу

vete

пшениця

soja

соя

potatis

картопля

majs

кукурудза

raps

ріпак

fruktträd

плодове дерево

maniok

маніок

spannmål

злаки

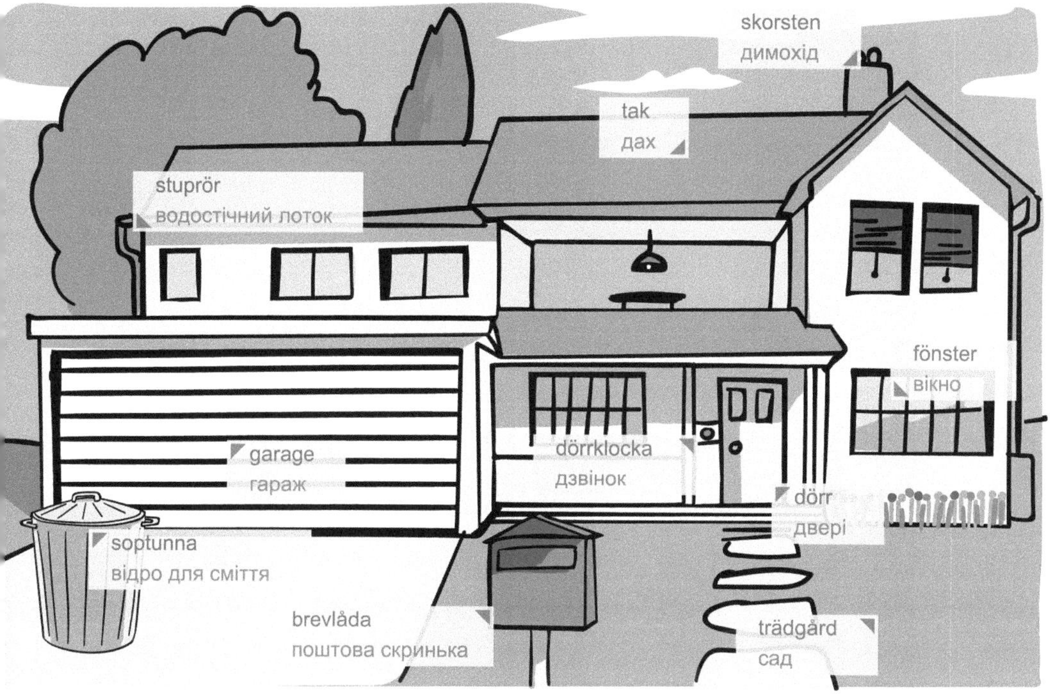

skorsten
димохід

tak
дах

stuprör
водостічний лоток

fönster
вікно

garage
гараж

dörrklocka
дзвінок

dörr
двері

soptunna
відро для сміття

brevlåda
поштова скринька

trädgård
сад

vardagsrum

вітальня

badrum

ванна кімната

kök

кухня

sovrum

спальня

barnrum

дитяча кімната

matsal

їдальня

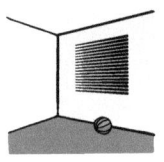

golv

підлога

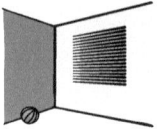

vägg

стіна

tak

стеля

källare

підвал

bastu

сауна

balkong

балкон

terrass

тераса

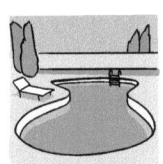

bassäng

басейн

gräsklippare

косарка

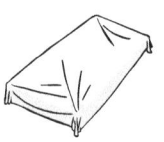

lakan

простирало

överkast

ковдра

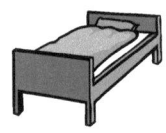

säng

ліжко

kvast

мітла

hink

відро

strömbrytare

перемикач

vardagsrum
вітальня

tapet
шпалери
bild
малюнок
lampa
лампа
hylla
поличка
skåp
шафа
TV
телевізор
eldstad
камін
blomma
квітка
kudde
подушка
soffa
диван
vas
ваза
fjärrkontroll
пульт

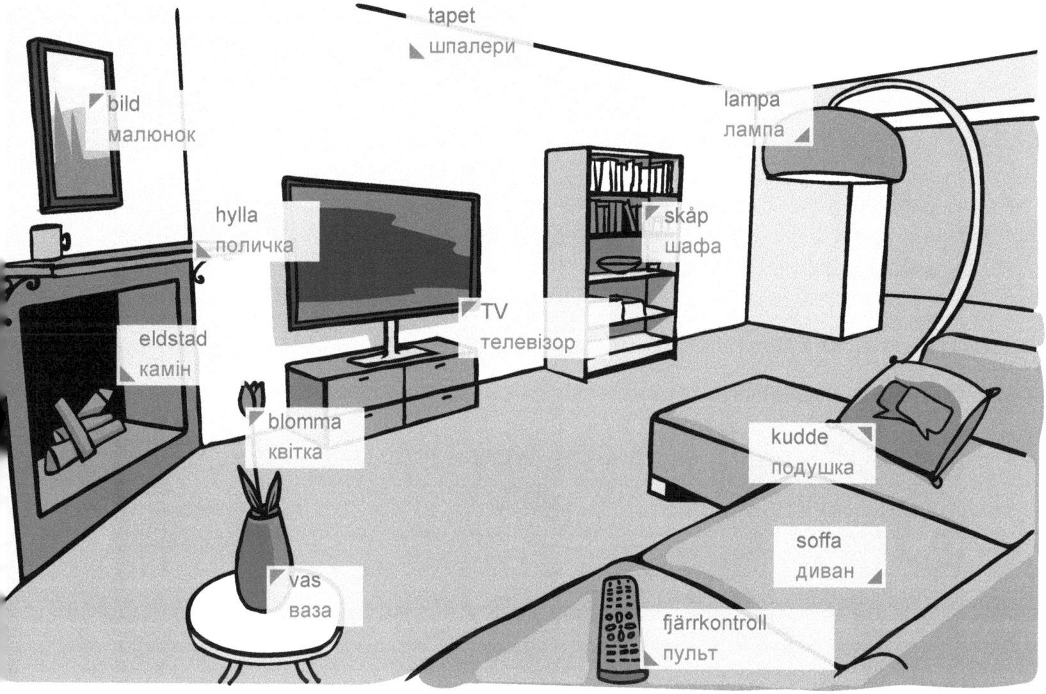

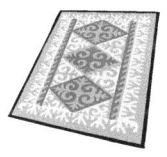

matta
килим

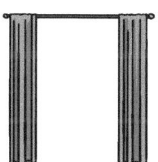

gardin
завіса

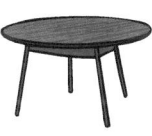

bord
стіл

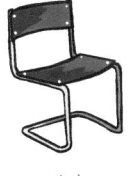

stol
стілець

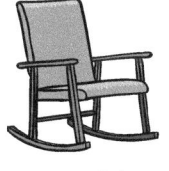

gungstol
крісло-гойдалка

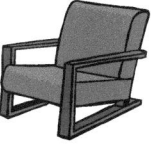

fåtölj
крісло

bok

книга

filt

ковдра

dekoration

прикраса

vedträ

дрова

film

фільм

stereoanläggning

стереосистема

nyckel

ключ

dagstidning

газета

målning

картина

poster

плакат

radio

радіо

anteckningsbok

блокнот

dammsugare

пилосос

kaktus

кактус

stearinljus

свічка

kök
кухня

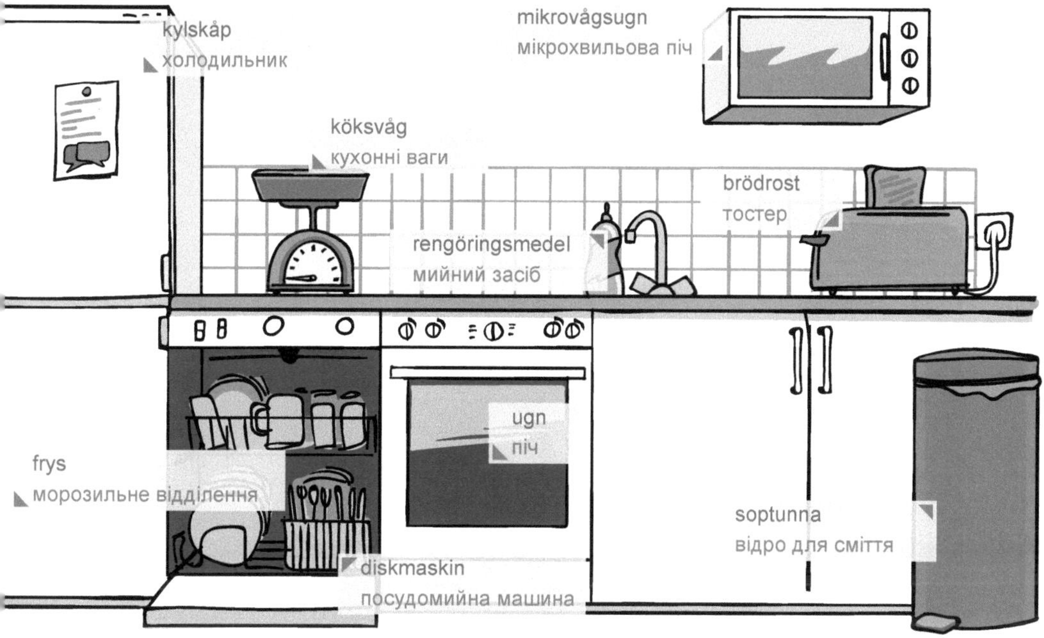

kylskåp
холодильник
mikrovågsugn
мікрохвильова піч
köksvåg
кухонні ваги
brödrost
тостер
rengöringsmedel
мийний засіб
ugn
піч
frys
морозильне відділення
soptunna
відро для сміття
diskmaskin
посудомийна машина

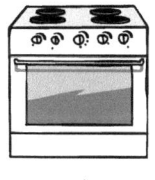

spis
плита

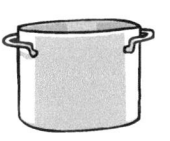

kastrull
горщик

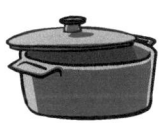

järngryta
чавунний горщик

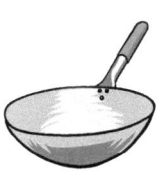

wok / kadai
вок / кадай

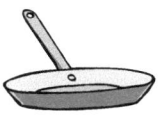

stekpanna
сковорода

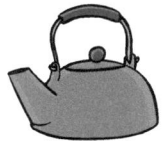

vattenkokare
чайник

ångkokare

пароварка

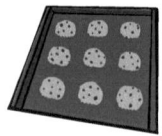

bakplåt

лист

porslin

посуд

mugg

кухоль

skål

чаша

ätpinnar

палички для їжі

soppslev

черпак

stekspade

лопатка

visp

вінчик для збивання

durkslag

сито

sil

сито

rivjärn

терка

mortel

ступка

grill

барбекю

brasa

багаття

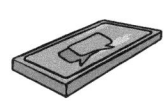

skärbräda

дошка

kavel

качалка

korkskruv

штопор

burk

конзерва

burköppnare

відкривачка

grytlapp

прихватки

vask

раковина

borste

щітка

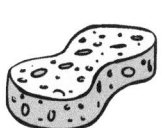

svamp

губка

mixer

міксер

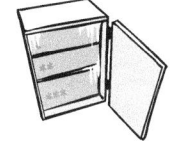

frys

морозильна камера

nappflaska

дитяча пляшка

kran

кран

badrum

ванна кімната

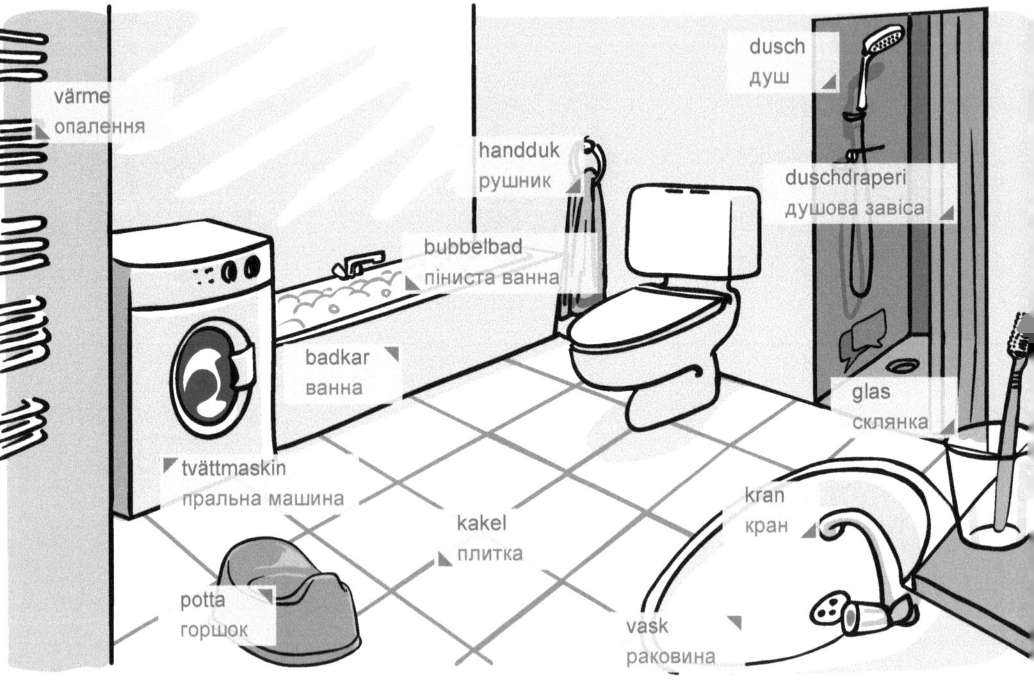

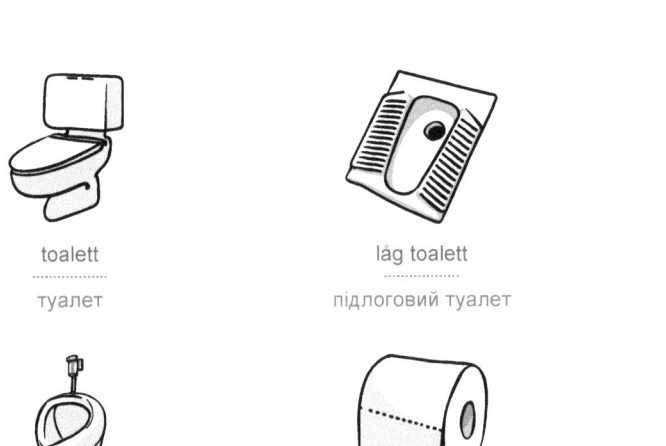

värme
опалення

dusch
душ

handduk
рушник

duschdraperi
душова завіса

bubbelbad
піниста ванна

badkar
ванна

glas
склянка

tvättmaskin
пральна машина

kakel
плитка

kran
кран

potta
горшок

vask
раковина

toalett	låg toalett	bidet
туалет	підлоговий туалет	біде

pissoar	toalettpapper	toalettborste
пісуар	туалетний папір	щітка для туалету

tandborste

зубна щітка

tandkräm

зубна паста

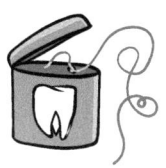

tandtråd

нитка для чищення зубів

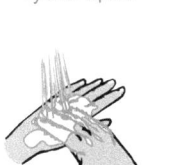

tvätta

мити

handdusch

ручний душ

intimdusch

інтимний душ

handfat

таз

ryggborste

щітка для спини

tvål

мило

duschgel

гель для душу

schampo

шампунь

trasa

мочалка

avlopp

водостік

crème

крем

deodorant

дезодорант

spegel

дзеркало

handspegel

косметичне дзеркало

rakhyvel

бритва

raklödder

піна для гоління

rakvatten

лосьйон після гоління

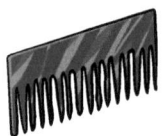

kam

гребінь

borste

щітка

hårtork

фен

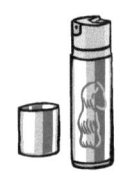

hårspray

лак для волосся

smink

косметика

läppstift

губна помада

nagellack

лак для нігтів

bomullsvadd

вата

nagelsax

ножиці для нігтів

parfym

парфум

necessär

косметичка

pall

табурет

våg

ваги

badrock

халат

gummihandskar

гумові рукавички

tampong

тампон

binda

гігієнічні прокладки

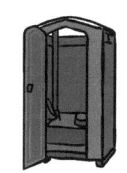

kemisk toalett

біотуалет

barnrum
дитяча кімната

väckarklocka
будильник
gosedjur
м'яка іграшка
leksaksbil
іграшковий автомобіль
skallra
брязкальце
dockhus
ляльковий будиночок
present
подарунок

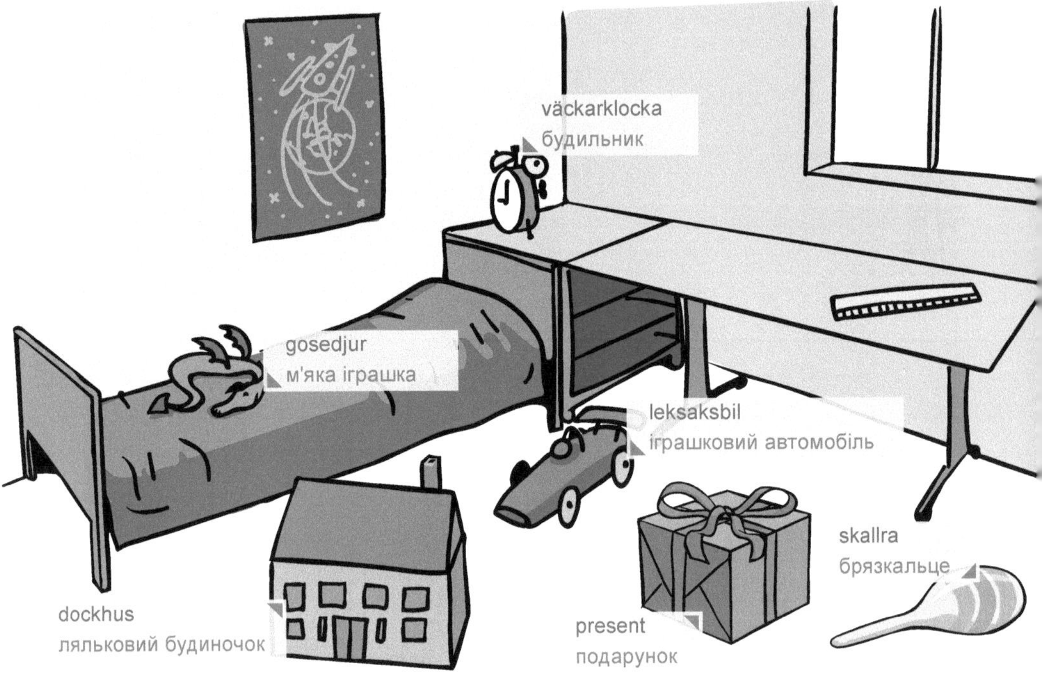

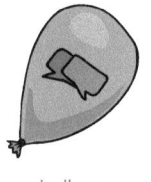

ballong

повітряна кулька

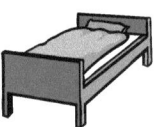

säng

ліжко

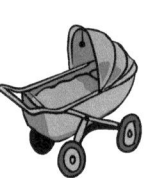

barnvagn

дитячий візок

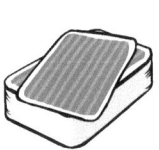

kortlek

картярська гра

pussel

пазл

SUPER
MEGA

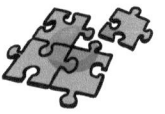

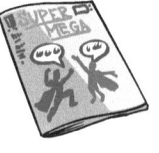

serietidning

комікс

legobitar

лего цеглинки

klossar

блоки

actionfigur

іграшкова фігурка

sparkdräkt

повзунки

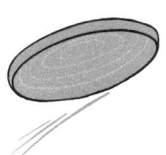

frisbee

фризбі

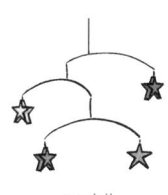

mobil

мобіле

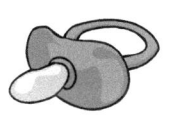

brädspel

настільна гра

tärning

кубик

modelljärnväg

модель залізнична станція

napp

соска

party

вечірка

bilderbok

книжка з картинками

boll

м'яч

docka

лялька

spela

грати

sandlåda

пісочниця

gunga

гойдалка

leksaker

іграшка

spelkonsol

гральна консоль

trehjuling

триколісний велосипед

nalle

плюшевий мішка

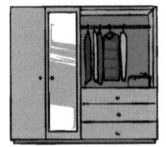

garderob

шафа

kläder

одяг

sockar

шкарпетки

strumpor

панчохи

tights

колготки

halsduk
шарф

paraply
парасоля

bälte
ремінь

t-shirt
футболка

sneakers
кросівки

stövlar
чоботи

tofflor
домашнє взуття

sandaler
сандалі

skor
взуття

gummistövlar
гумові чоботи

underbyxor
труси

BH
бюстгальтер

linne
нижня сорочка

body
бóдi

byxor
штани

jeans
джинси

kjol
спідниця

blus
блузка

skjorta
сорочка

pullover
пуловер

sweater
светр

blazer
піджак

jacka
куртка

kappa
пальто

regnjacka
дощовик

dräkt
костюм

klänning
сукня

bröllopsklänning
весільна сукня

kostym

костюм

nattlinne

нічна сорочка

pyjamas

піжама

sari

сарі

slöja

головна хустка

turban

чалма

burka

бурка

kaftan

кафтан

abaya

абая

baddräkt

купальник

badbyxor

плавки

shorts

шорти

träningsoverall

тренувальний костюм

förkläde

фартух

handskar

рукавички

knapp

гудзик

glasögon

окуляри

armband

браслет

halsband

ланцюг

ring

кільце

örhänge

сережка

mössa

шапка

galge

плічка

hatt

капелюх

slips

краватка

dragkedja

застібка-блискавка

hjälm

шолом

hängslen

підтяжки

skoluniform

шкільна форма

uniform

уніформа

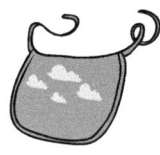

haklapp

нагрудник

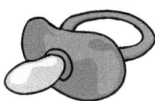

napp

соска

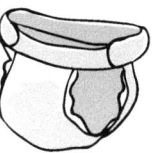

blöja

підгузок

kontor

офіс

server
сервер
dokumentskåp
шаф для документів
skrivare
принтер
papper
папір
bildskärm
монітор
mus
миша
skrivbord
письмовий стіл
mapp
папка
tangentbord
синтезатор
papperskorg
кошик для паперу
dator
комп'ютер
stol
стілець

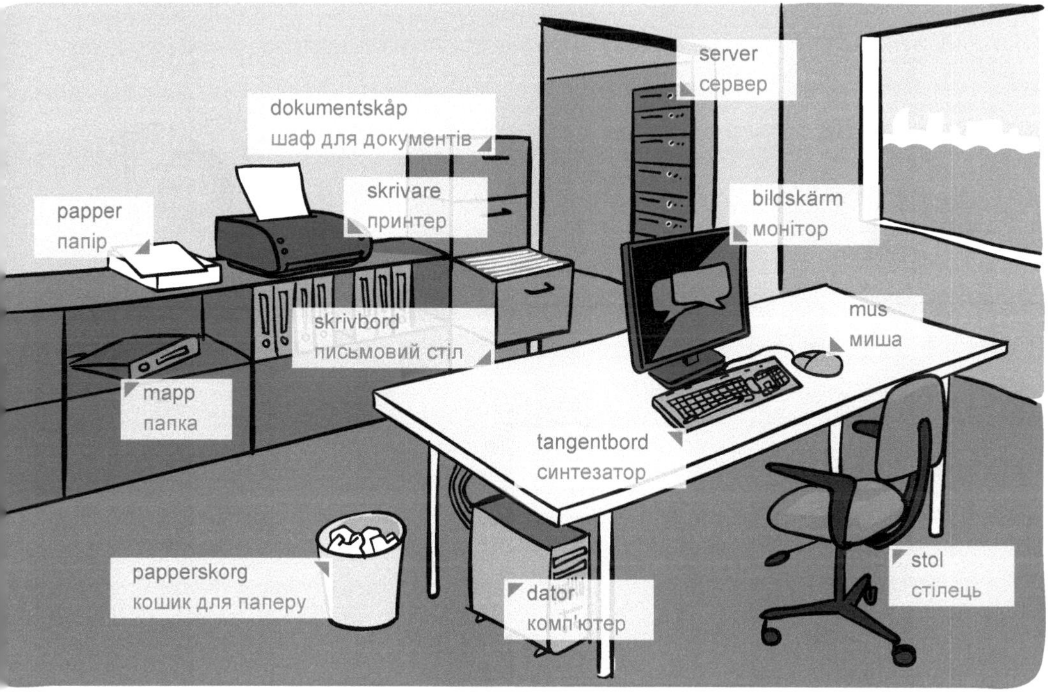

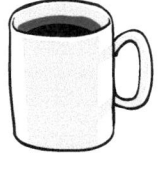

kaffemugg

кавовий кухоль

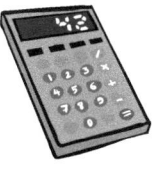

miniräknare

калькулятор

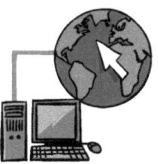

internet

інтернет

bärbar dator

ноутбук

brev

лист

meddelande

повідомлення

mobiltelefon

мобільний телефон

nätverk

мережа

kopieringsapparat

копіювальний пристрій

programvara

програмне забезпечення

telefon

телефон

vägguttag

розетка

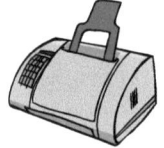

fax

факс

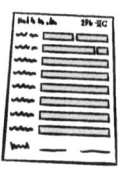

blankett

бланк

dokument

документ

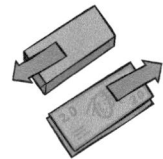

köpa

купувати

betala

платити

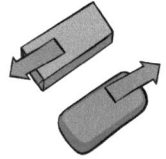

handla

торгувати

pengar

гроші

dollar

долар

euro

євро

yen

ієна

rubel

рубль

schweizisk franc

франк

renminbi yan

юанів женьміньбі

rupie

рупія

bankomat

банкомат

växelkontor

обмінний пункт

guld

золото

silver

срібло

olja

нафта

energi

енергія

pris

ціна

kontrakt

контракт

skatt

податок

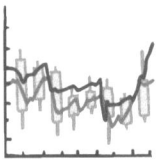

aktie

акція

arbeta

працювати

anställd

працівник

arbetsgivare

роботодавець

fabrik

фабрика

affär

магазин

yrken
професії

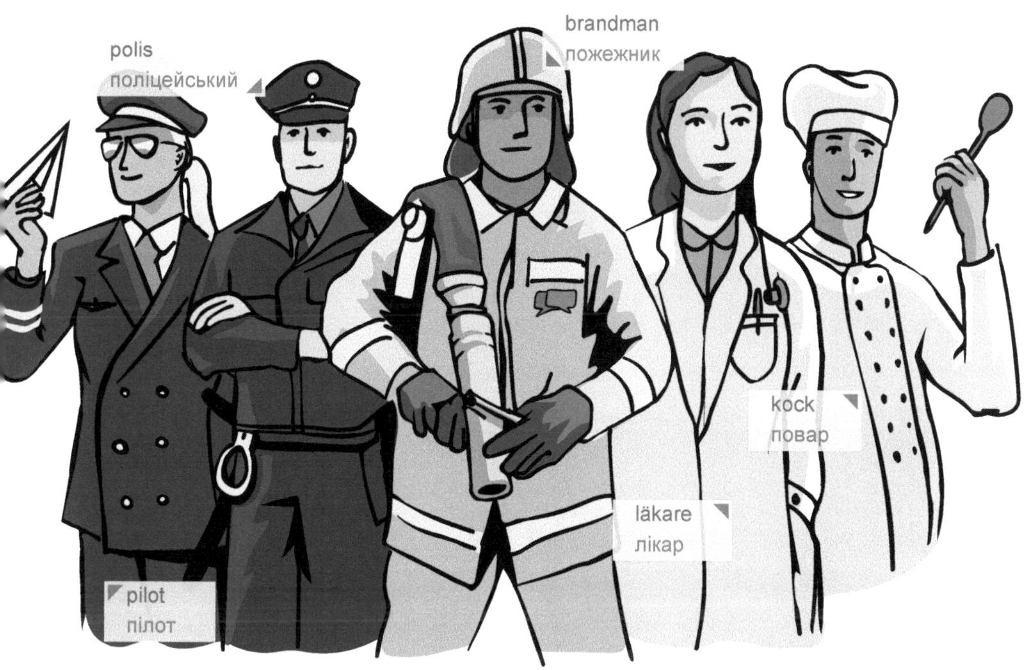

polis
поліцейський
brandman
пожежник
kock
повар
läkare
лікар
pilot
пілот

trädgårdsmästare

садівник

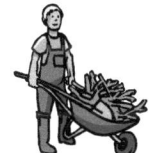

snickare

столяр

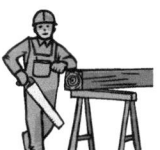

sömmerska

швачка

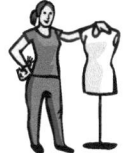

domare

суддя

kemist

хімік

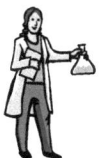

skådespelare

актор

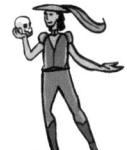

busschaufför

водій автобуса

taxichaufför

таксист

fiskare

рибалка

städerska

прибиральниця

takläggare

покрівельник

servitör

офіціант

jägare

мисливець

målare

художник

bagare

пекар

elektriker

електрик

byggarbetare

будівельник

ingenjör

інженер

slaktare

забійник

rörmokare

бляхар

brevbärare

листоноша

soldat

солдат

arkitekt

архітектор

kassör

касир

florist

флорист

frisör

перукар

konduktör

кондуктор

mekaniker

механік

kapten

капітан

tandläkare

дантист

vetenskapsman

вчений

rabbin

рабин

imam

імам

munk

монах

präst

пастор

verktyg
інструменти

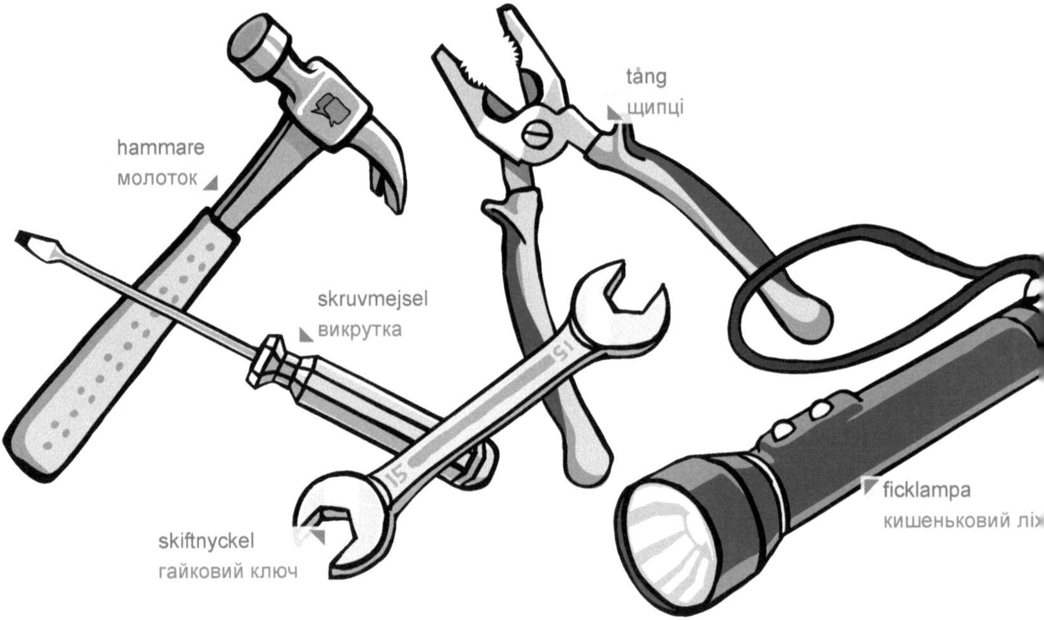

hammare
молоток

tång
щипці

skruvmejsel
викрутка

skiftnyckel
гайковий ключ

ficklampa
кишеньковий ліх

grävmaskin

екскаватор

verktygslåda

ящик для інструментів

stege

драбина

såg

пилка

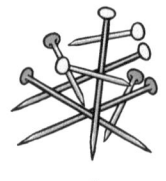

spik

цвяхи

borr

свердло

reparera

ремонтувати

spade

лопата

Helvete!

лайно!

sopskyffel

совок

färgburk

відро з фарбою

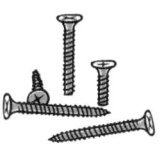

skruvar

гвинти

musikinstrument
музичні інструменти

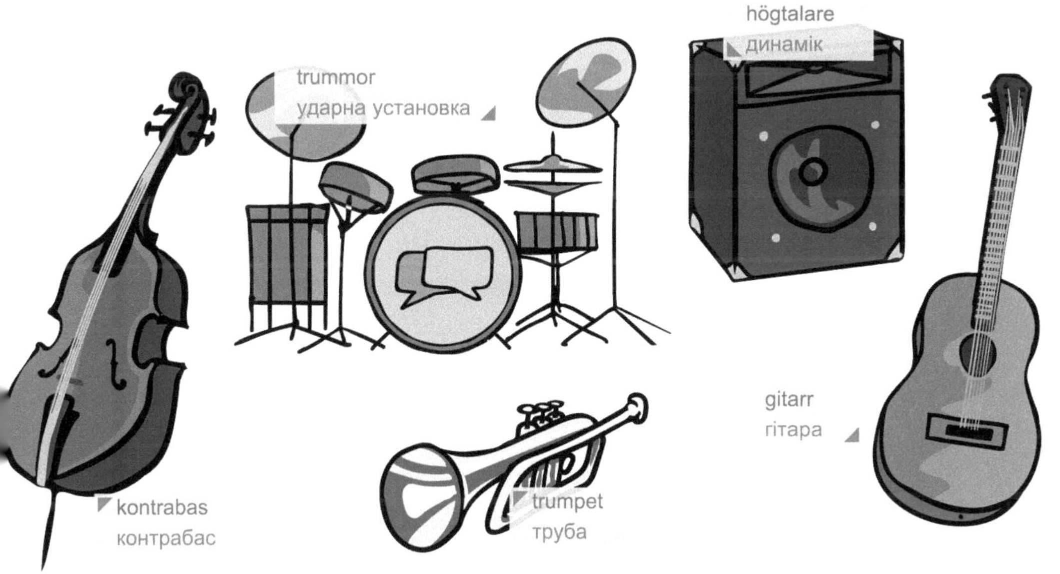

trummor
ударна установка

högtalare
динамік

gitarr
гітара

kontrabas
контрабас

trumpet
труба

piano

фортепіано

violin

скрипка

bas

бас

timpani

литаври

trumma

барабан

keyboard

клавіатура

saxofon

саксофон

flöjt

флейта

mikrofon

мікрофон

ingång
вхід

tiger
тигр

bur
клітка

zebra
зебра

djurfoder
корм

panda
панда

djur

тварини

elefant

слон

känguru

кенгуру

noshörning

носоріг

gorilla

горила

björn

ведмідь

kamel

верблюд

struts

страус

lejon

лев

apa

мавпа

flamingo

фламінго

papegoja

папуга

isbjörn

білий ведмідь

pingvin

пінгвін

haj

акула

påfågel

павич

orm

змія

krokodil

крокодил

djurskötare

працівник зоопарку

säl

тюлень

jaguar

ягуар

zoo - зоопарк

ponny

поні

leopard

леопард

flodhäst

гіпопотам

giraff

жираф

örn

орел

vildsvin

кабан

fisk

риба

sköldpadda

черепаха

valross

морж

räv

лисиця

gazell

газель

amerikansk fotboll
американський футбол

cykling
їзда на велосипеді

tennis
теніс

basket
баскетбол

simning
плавання

boxning
бокс

ishockey
хокей

fotboll
футбол

badminton
бадмінтон

friidrott
легка атлетика

handboll
гандбол

skidåkning
лижні перегони

polo
поло

skratta
сміятися

hoppa
стрибати

krama
обіймати

gå
йти

sjunga
співати

drömma
мріяти

be
молитися

kyssa
цілувати

skriva
писати

rita
малювати

visa
показувати

skjuta
тиснути

ge
давати

ta
брати

hagel

мати

göra

робити

vara

бути

stå

стояти

springa

бігати

dra

тягнути

kasta

кидати

falla

падати

ligga

лежати

vänta

очікувати

bära

носити

sitta

сидіти

klä på

одягати

sova

спати

vakna

просипатися

se på

дивитися

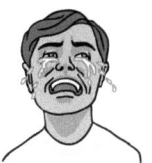

gråta

плакати

smeka

гладити

kamma

розчісувати

prata

розмовляти

förstå

розуміти

fråga

питати

höra

слухати

dricka

пити

äta

їсти

städa

прибирати

älska

любити

laga mat

варити

köra

їхати

flyga

літати

aktiviteter - дії

segla

йти під вітрилом

räkna

рахувати

läsa

читати

lära sig

вчитися

arbeta

працювати

gifta sig

одружуватися

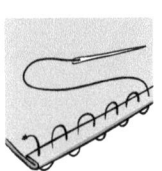

sy

шити

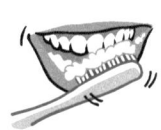

borsta tänderna

чистити зуби

döda

убивати

röka

курити

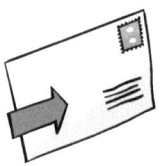

skicka

посилати

familj
сім'я

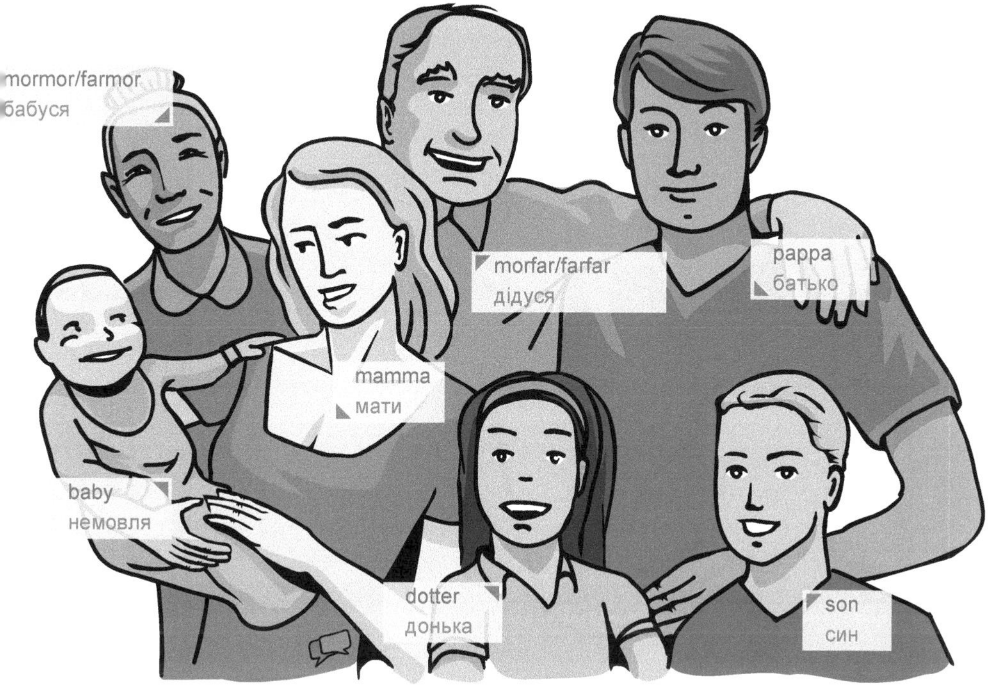

mormor/farmor
бабуся
morfar/farfar
дідуся
pappa
батько
mamma
мати
baby
немовля
dotter
донька
son
син

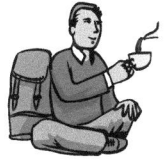

gäst
гість

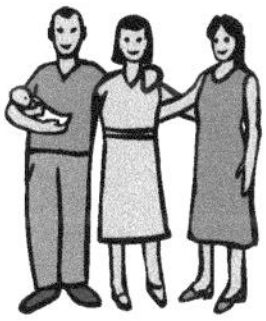
moster/faster
тітка

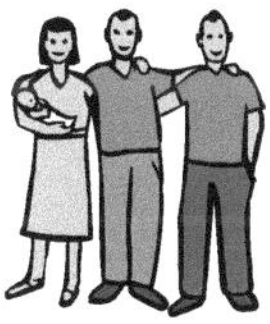
farbror/morbror
дядько

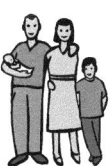

bror
брат

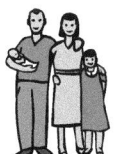

syster
сестра

kropp

тіло

panna
чоло
öga
око
skuldra
плече
finger
палець
ansikte
обличчя
haka
підборіддя
hand
кисть
ben
нога
bröst
груди
arm
рука

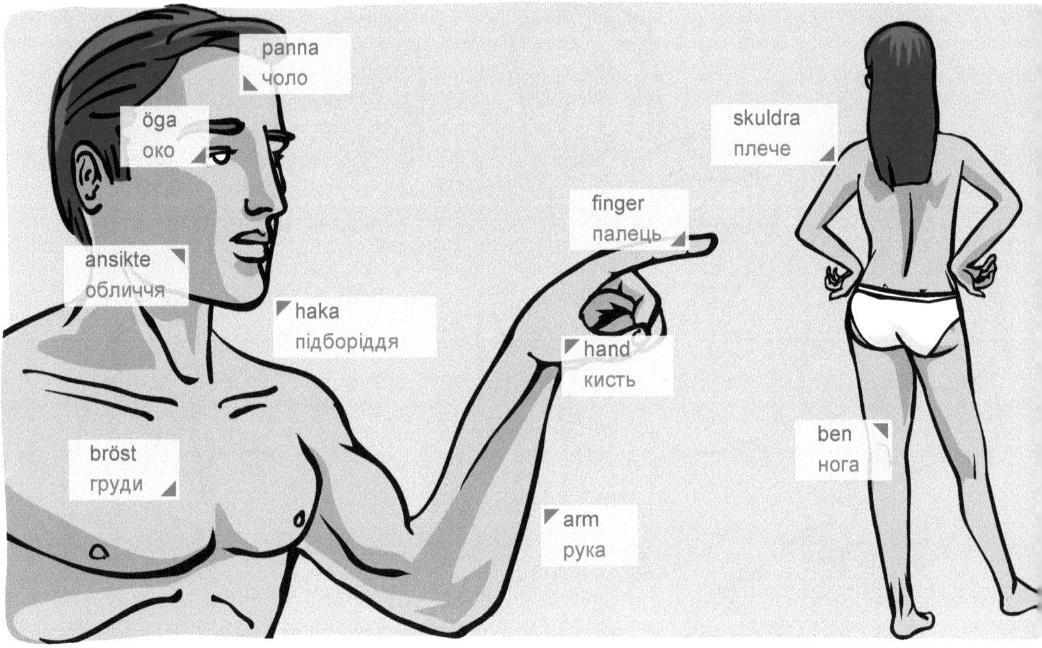

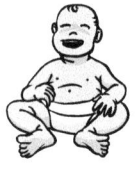

baby
немовля

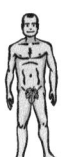

man
чоловік

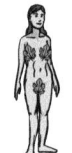

kvinna
жінка

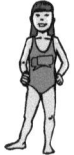

flicka
дівчина

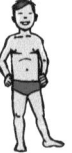

pojke
хлопчик

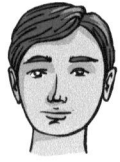

huvud
голова

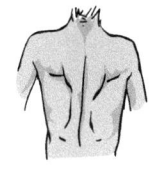

rygg

спина

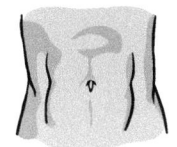

mage

живіт

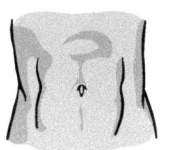

navel

пуп

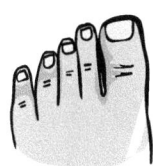

tå

палець ноги

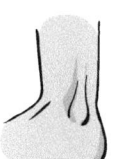

häl

п'ята

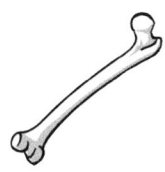

ben

кістка

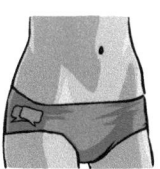

höft

стегно

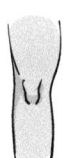

knä

коліно

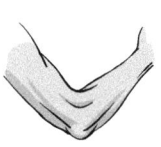

armbåge

лікоть

näsa

ніс

stjärt

сідниці

hud

шкіра

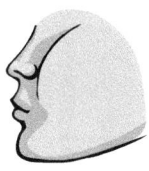

kind

щока

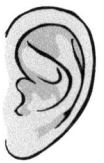

öra

вухо

läpp

губа

mun

рот

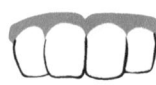

tand

зуб

tunga

язик

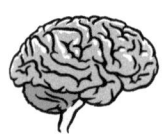

hjärna

мозок

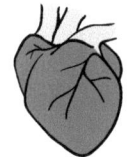

hjärta

серце

muskel

м'яз

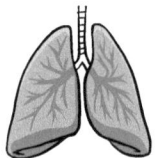

lunga

легені

lever

печінка

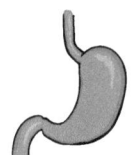

magsäck

шлунок

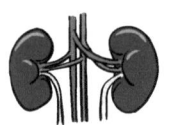

njurar

нирки

sex

статевий акт

kondom

презерватив

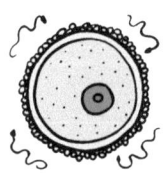

äggcell

яйцеклітина

sperma

сперма

graviditet

вагітність

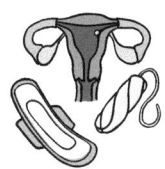

menstruation

менструація

vagina

вагіна

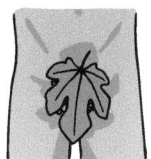

penis

пеніс

ögonbryn

брова

hår

волосся

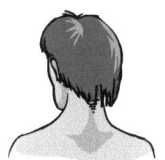

nacke

шия

sjukhus
лікарня

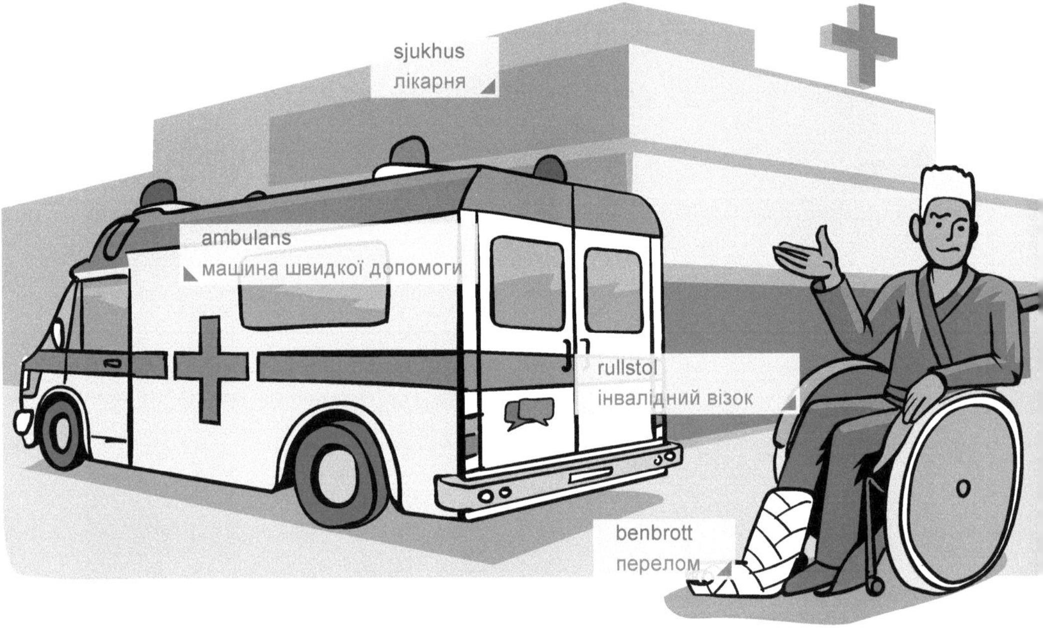

sjukhus
лікарня
ambulans
машина швидкої допомоги
rullstol
інвалідний візок
benbrott
перелом

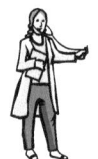

läkare
лікар

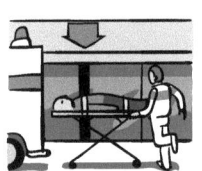

akutmottagning
відділення швидкої медичної допомоги

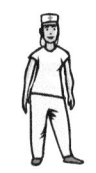

sjuksköterska
медсестра

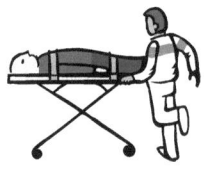

nödsituation
аварійний випадок

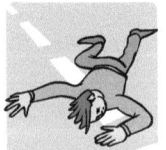

medvetslös
непритомний

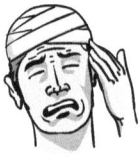

smärta
біль

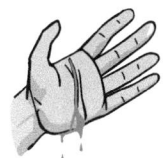

skada

травма

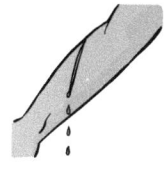

blödning

кровотеча

hjärtattack

інфаркт

slaganfall

інсульт

allergi

алергія

hosta

кашель

feber

лихоманка

influensa

грип

diarré

пронос

huvudvärk

головна біль

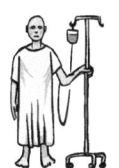

cancer

рак

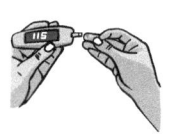

diabetes

діабет

kirurg

хірург

skalpell

скальпель

operation

операція

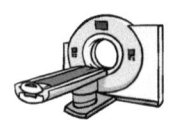

CT

КТ

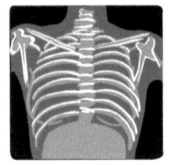

röntgen

рентген

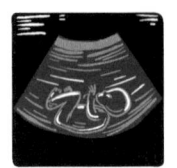

ultraljud

ультразвук

ansiktsmask

маска

sjukdom

хвороба

väntsal

зал очікування

krycka

милиця

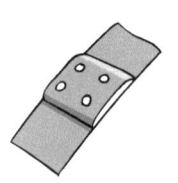

plåster

пластир

bandage

пов'язка

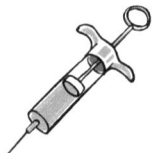

injektion

ін'єкція

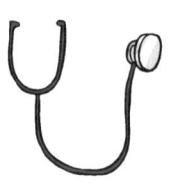

stetoskop

стетоскоп

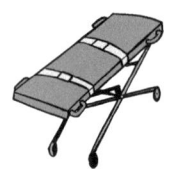

bår

ноші

termometer

термометр

födsel

народження

övervikt

надмірна вага

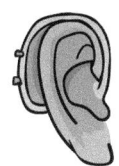

hörapparat

слуховий апарат

desinfektionsmedel

дезінфікуючий засіб

infektion

інфекція

virus

вірус

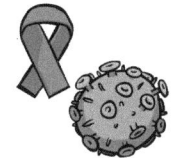

HIV / AIDS

ВІЛ / СНІД

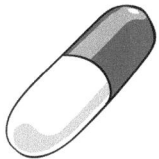

medicin

медицина

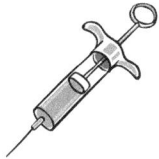

vaccination

вакцинація

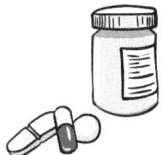

tabletter

таблетки

p-piller

протизаплідна пігулка

nödsamtal

екстрений виклик

blodtrycksmätare

тонометр

sjuk / frisk

хворий / здоровий

Hjälp!

Допоможіть!

alarm

сигнал тривоги

överfall

напад

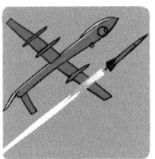

misshandel

атака

fara

небезпека

nödutgång

аварійний вихід

Det brinner!

Вогонь!

brandsläckare

вогнегасник

olycka

аварія

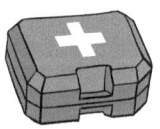

förbandslåda

аптечка

SOS

СОС

polis

поліція

Europa

Європа

Nordamerika

Північна Америка

Sydamerika

Південна Америка

Afrika

Африка

Asien

Азія

Australien

Австралія

Atlanten

Атлантика

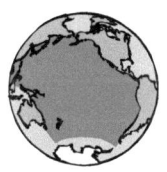

Stilla Havet

Тихий океан

Indiska Oceanen

Індійський океан

Antarktiska Oceanen

Антарктичний океан

Arktiska Oceanen

Північний Льодовитий
океан

Nordpol

Північний полюс

Sydpol

Південний полюс

Antarktis

Антарктика

Jorden

Земля

land

суша

hav

море

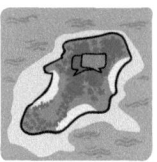

ö

острів

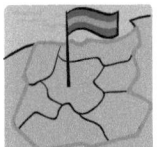

nation

нація

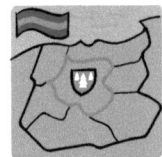

stat

держава

urtavla

циферблат

timvisare

годинникова стрілка

minutvisare

хвилинна стрілка

sekundvisare

секундна стрілка

Vad är klockan?

Котра година?

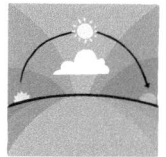

dag

день

tid

час

nu

зараз

digital klocka

цифровий годинник

minut

хвилина

timme

година

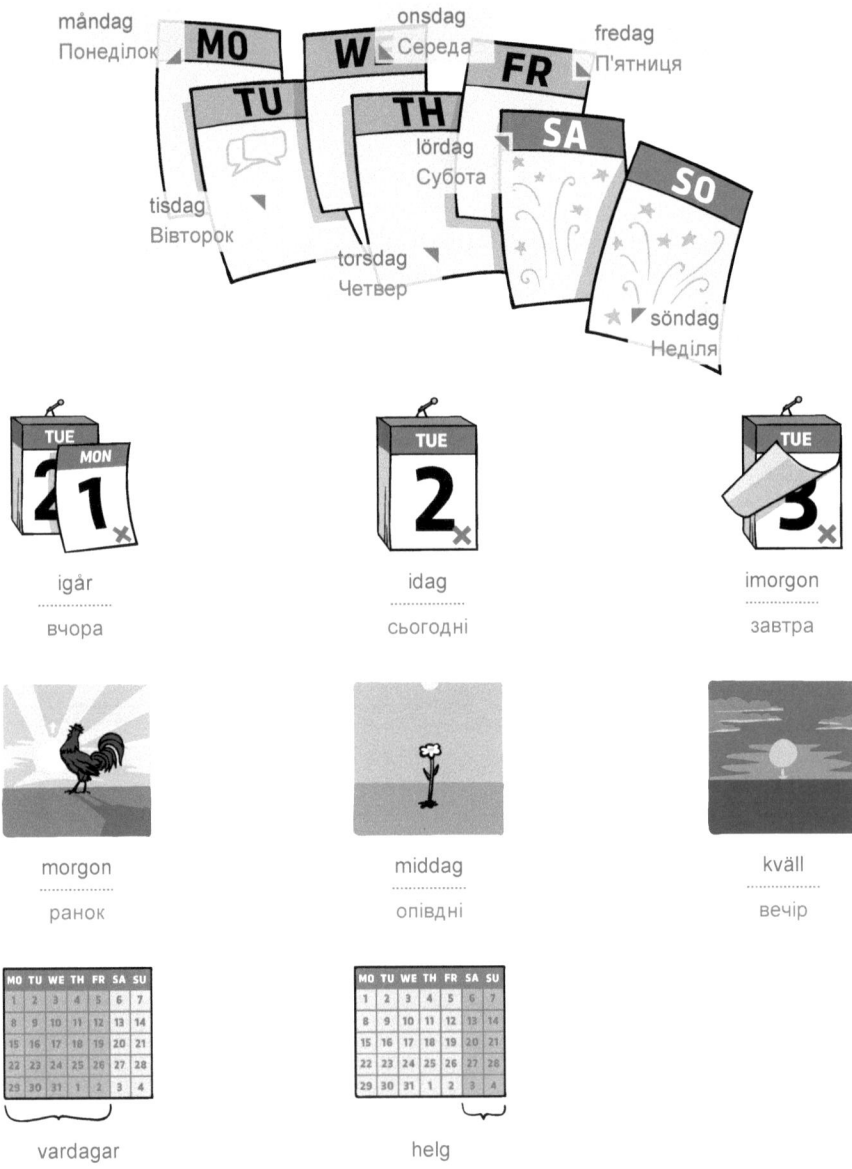

måndag
Понеділок

onsdag
Середа

fredag
П'ятниця

tisdag
Вівторок

lördag
Субота

torsdag
Четвер

söndag
Неділя

igår
вчора

idag
сьогодні

imorgon
завтра

morgon
ранок

middag
опівдні

kväll
вечір

vardagar
робочі дні

helg
кінець робочого тижня

regn
дощ

regnbåge
веселка

snö
сніг

vind
вітер

vår
весна

höst
осінь

sommar
літо

vinter
зима

4.APRIL	11°	☀
5.APRIL	4°	☁
6.APRIL	13°	🌧
7.APRIL	8°	☀
8.APRIL	10°	☀

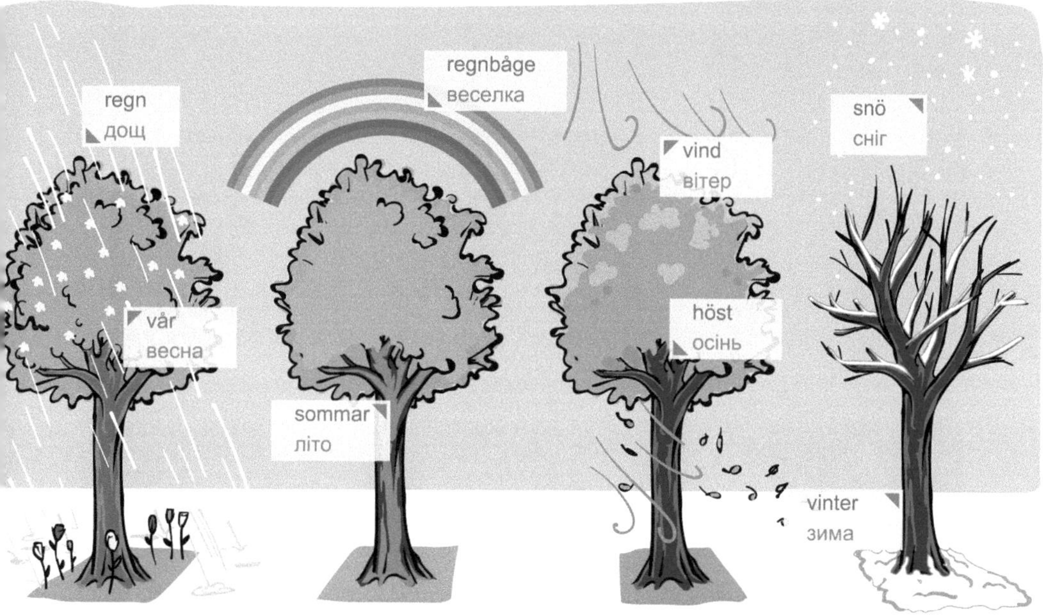

väderprognos

прогноз погоди

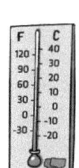

termometer

термометр

solsken

сонячне світло

moln

хмара

dimma

туман

luftfuktighet

вологість повітря

blixt

блискавка

åska

грім

storm

шторм

hagel

град

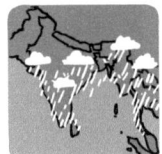

monsun

мусон

översvämning

повінь

is

лід

januari

Січень

februari

Лютий

mars

Березень

april

Квітень

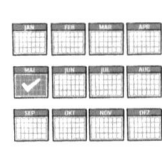

maj

Травень

juni

Червень

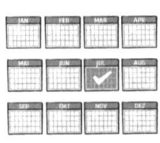

juli

Липень

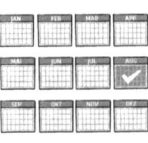

augusti

Серпень

september
···············
Вересень

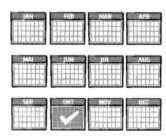

oktober
···············
Жовтень

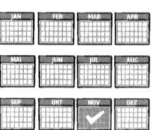

november
···············
Листопад

december
···············
Грудень

cirkel
···············
круг

kvadrat
···············
квадрат

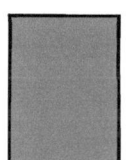

rektangel
···············
прямокутник

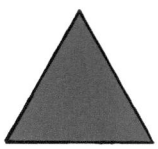

triangel
···············
трикутник

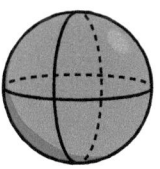

sfär
···············
куля

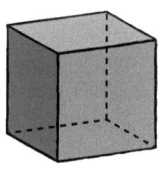

kub
···············
куб

vit

білий

gul

жовтий

orange

помаранчевий

rosa

рожевий

röd

червоний

lila

фіолетовий

blå

синій

grön

зелений

brun

коричневий

grå

сірий

svart

чорний

mycket / lite

багато / мало

arg / lugn

лютий / мирний

vacker / ful

гарний / бридкий

början / slut

початок / кінець

stor / liten

великий / малий

ljus / mörk

світлий / темний

bror / syster

брат / сестра

ren / smutsig

чистий / брудний

komplett / ofullständig

завершений /
незавершений

dag / natt

день / ніч

död / levande

мертвий / живий

bred / smal

широкий / вузький

ätlig / oätlig

їстівний / неїстівний

ond / god

злий / дружній

upphetsad / uttråkad

збуджений / нудьгуючий

tjock / smal

товстий / тонкий

först / sist

спочатку / востаннє

vän / fiende

друг / ворог

full / tom

повний / порожній

hård / mjuk

жорсткий / м'який

tung / lätt

важкий / легкий

hunger / törst

голод / спрага

sjuk / frisk

хворий / здоровий

olaglig / laglig

незаконний / законний

intelligent / dum

розумний / дурний

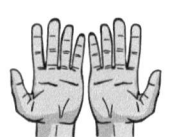

vänster / höger

вліво / вправо

nära / långt bort

поруч / далеко

ny / begagnad

новий / використаний

inget / något

нічого / щось

gammal / ung

старий / молодий

på / av

вкл / викл

öppen / stängd

відкрито / закрито

tyst / högljudd

тихо / гучно

rik / fattig

багатий / бідний

rätt / fel

правильно / неправильно

grov / slät

шорсткий / гладкий

ledsen / glad

сумний / щасливий

kort / lång

короткий / довгий

långsam / snabb

повільно / швидко

våt / torr

вологий / сухий

varm / sval

гарячий / холодний

krig / fred

війна / мир

0	**1**	**2**
noll	ett	två
нуль	один	два

3	**4**	**5**
tre	fyra	fem
три	чотири	п'ять

6	**7**	**8**
sex	sju	åtta
шість	сім	вісім

9	**10**	**11**
nio	tio	elva
дев'ять	десять	одинадцять

12

tolv

дванадцять

13

tretton

тринадцять

14

fjorton

чотирнадцять

15

femton

п'ятнадцять

16

sexton

шістнадцять

17

sjutton

сімнадцять

18

arton

вісімнадцять

19

nitton

дев'ятнадцять

20

tjugo

двадцять

100

hundra

сто

1.000

tusen

тисяча

1.000.000

miljon

мільйон

engelska

англійська

amerikansk engelska

американська англійська

kinesisk mandarin

китайська
високочиновницька

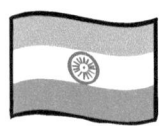

hindi

хінді

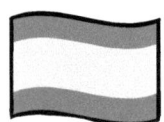

spanska

іспанська

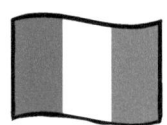

franska

французька

arabiska

арабська

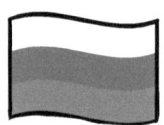

ryska

російська

portugisiska

португальська

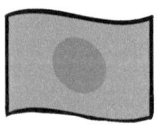

bengali

бенгальська

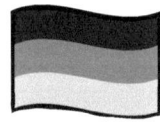

tyska

німецька

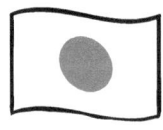

japanska

японська

jag

я

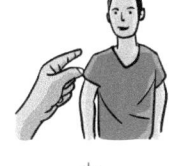

du

ти

han / hon / den (det)

він / вона / воно

vi

ми

ni

ви

de

вони

vem?

хто?

vad?

що?

hur?

як?

var?

де?

när?

коли?

namn

ім'я

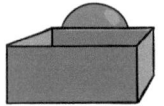

bakom

ззаду

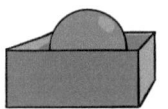

i

в

framför

перед

över

над

på

на

under

під

bredvid

біля

mellan

між

plats

місце